AF312523

L'HISTOIRE D'UN BUDGET

OU

LES FINANCES DE LA FRANCE

JUGÉES PAR LE GOUVERNEMENT

ET PAR SES AMIS

PARIS

DÉPOT : 3, RUE DE BOURGOGNE

1891

L'HISTOIRE D'UN BUDGET

OU

LES FINANCES DE LA FRANCE

JUGÉES PAR LE GOUVERNEMENT

ET PAR SES AMIS

PARIS

DÉPOT : 3, RUE DE BOURGOGNE

1891

L'HISTOIRE D'UN BUDGET

OU

LES FINANCES DE LA FRANCE JUGÉES PAR LE GOUVERNEMENT

ET PAR SES AMIS

Il n'est pas sans intérêt pour les citoyens français de bien connaître les agissements du gouvernement sous lequel ils sont appelés à vivre.

C'est dans l'administration des finances et dans la gestion des deniers publics que ces agissements apparaissent avec plus de clarté et touchent le plus tous les citoyens.

Mais si, pour renseigner le public, nous avions recours à l'opinion des hommes de l'opposition et de la minorité, on ne manquerait pas de nous déclarer suspect et d'accuser notre partialité.

Nous échapperons à ce double reproche, en n'interrogeant que les hommes du gouvernement et les députés de la majorité et nous demanderons simplement leur réponse à la discussion du budget de 1891 et au *Journal officiel*.

C'est ainsi que nous pourrons offrir à tous ceux qui voudront nous lire, des documents particulièrement instructifs, condensés en une petite brochure, qui justifiera son titre : *L'histoire d'un budget ou les Finances de la France jugées par le Gouvernement et par ses amis*; (Discussion du budget de 1891. *Journal officiel*).

Séance du 23 octobre.

DISCUSSION GÉNÉRALE.

Que pense de nos finances un jeune ami. **M. Boudenoot,** député du Pas-de-Calais, et le premier inscrit dans la discussion?

« Du moment, dit-il, que, dans les législatures précédentes, on a consenti des dépenses *sans regarder*, qu'on a laissé contracter des *emprunts successifs*, qu'on a exécuté des travaux dont les recettes ordinaires ne pouvaient supporter le poids, *l'impôt nouveau* existait virtuellement. »

« Je dis que nous ne pouvons pas continuer *sans péril* à emprunter, sans *créer d'impôts*. »

« Les emprunts et les impôts ce sont assurément deux fléaux, mais qui marchent toujours ensemble et se suivent de près. *Vous n'avez pas su éviter le premier, il faut subir le second.* »

Voilà qui est vraiment réjouissant pour le contribuable. Mais écoutez encore ce mot vraiment instructif :

« Le pa, n'attend pas que vous convertissiez, comme par un coup de baguette, les *déficits en excédents et les embarras en prospérités.* »

Séance du 26 octobre.

DISCUSSION GÉNÉRALE *(suite)*.

Ecoutons maintenant les doléances de **M. Félix Faure**, député de la Seine-Inférieure :

« *Il faut des impôts nouveaux* — Hélas, oui — ce n'est pas la première fois. »

« Le budget, tel qu'on nous l'apporte, est certainement dans de meilleures conditions que les budgets antérieurs, mais l'effort n'est pas suffisant. »

« *Vous ne pourrez pas fermer l'ère des émissions et des emprunts.* »

« Nous déplorons que vous ayez consenti à une augmentation de taxe sur les valeurs mobilières, *aggravation qui pèsera sur le travail.* »

Ce malheureux député voit le péril, le dénonce, mais ne trouve pas qu'on prenne le moyen pour y remédier et toujours les impôts nouveaux !!

Séance du 27 octobre.

DISCUSSION GÉNÉRALE *(suite)*.

Voici maintenant quelques paroles empruntées à un sage et à un maître en matière de finances. Nous avons nommé M. **Léon Say** :

« Oui, les recettes ont augmenté, mais les dépenses augmentent nécessairement aussi et *dans une proportion beaucoup plus grande par l'accroissement incessant des fonctions.* »

« Comment voulez-vous que tout le monde ne veuille pas être fonctionnaire, quand, *tous les jours, des fonctions nouvelles sont créées.* »

« Puisque la commission du budget était en veine d'économies, j'aurais voulu qu'elle allât encore plus loin. »

« Vous avez pu réaliser des économies, et au lieu d'employer ces ressources diverses à équilibrer le budget, vous dites : *je réaliserai cet équilibre dans les années suivantes, s'il me vient encore d'autres ressources.* »

« Vous avez une dette consolidée de 28 *milliards*... il faut ajouter 7 *milliards* résultant de nos engagements. »

Remarquons que personne n'avait encore osé avouer une dette de **35 milliards**.

M. **Jamais** n'est pas satisfait non plus : il termine son discours par ces mots :

« Eh bien, ce que l'on promettait en 1875, j'attends qu'un gouvernement républicain nous aide enfin à le réaliser. C'est l'œuvre pressante d'aujourd'hui, et c'est pour éviter les difficultés financières dont nous sortons qu'il faut enfin substituer un budget de principe aux budgets *d'attente et d'expédients.* »

Bonnes paroles, mais le budget de 1891 serait-il par hasard autre chose qu'un nouveau budget d'attente et d'expédients?

Séance du 28 octobre.

DISCUSSION GÉNÉRALE *suite*.

Enregistrons maintenant les aveux de la commission du budget. C'est M. **Casimir Périer**, son président, qui parle :

« Nous avons cherché, parmi les impôts directs actuels, ceux qui pouvaient supporter une *certaine surcharge*, et nous nous sommes adressés aux *valeurs mobilières*. »

« Récemment vous avez *relevé l'impôt* sur les propriétés bâties. »

« Les obligations sexennaires n'ont été sexennaires que de nom : les crédits de remboursement étaient insuffisants ; on a eu recours à des *prorogations*. »

« Les seuls amortissements sont ceux qui se prélèvent sur des excédents budgétaires. Or, cette année, *il n'y a pas d'excédent budgétaire*, puisque nous sommes obligés de recourir à des *taxes nouvelles*. »

M. **Lockroy** ne tient pas ces explications comme suffisantes ; sa critique est acerbe : il se résume en ces termes :

« J'ai essayé, tout à l'heure, de vous montrer comment, par quelles ressources, était équilibré le budget ordinaire : je vous ai raconté qu'il était équilibré, d'une part, avec des ressources que je considère comme *chimériques*, par des impôts de consommation, dont je ne veux pas rappeler les inconvénients, enfin par des économies qui, en réalité, étaient des ajournements. »

Puis arrivant au budget extraordinaire, M. **Lockroy** s'exprime ainsi :

« Si vous voulez faire le calcul, vous verrez qu'avec des budget en équilibre comme notre budget, avec cette dette qui va s'augmentant **de 300 millions** par an, nous arriverons, en fin de législature avec des budgets toujours en équilibre, avec des budgets qualifiés de sincères et de courageux, avec des budgets qui font, dit-on, l'union du parti républicain, nous arriverons à avoir *augmenté la dette* **de 1.400 millions.** »

« *Cette politique peut-elle durer ?* »

Nous laissons le public juge de la réponse à faire — Mais **M. Lockroy** va encore plus loin et il ajoute: « Votre politique est une politique *de déception* : votre politique, prenez-y garde, est une politique *de déficit*. »

Que répondra à cela M. **Burdeau**, rapporteur général?

Il se contentera de plaider les circonstances atténuantes et de proclamer son immense confiance dans les forces contributives de la France.

Séance du 29 octobre.

DISCUSSION GÉNÉRALE *suite*.

Voici encore un maître en matière de finances : c'est M. **Germain**, député de l'Ain, directeur du Crédit lyonnais.

« Il y a, dit-il, un budget qui a endetté le pays dans de grandes proportions ; c'est le budget des travaux publics. A cette heure il demande **300 millions** de plus qu'il ne demandait en 1875. Il demande encore **150 millions** en dehors pour le service des intérêts dont il est la cause, depuis 1875. »

« Je ne puis prétendre qu'avec le tiers de la dépense vous ferez des chemins de fer de même qualité que ceux que vous construisez aujourd'hui ; non, mais vous ferez... le même nombre de kilomètres. »

« Il y a un département, celui de la Sarthe, qui a eu l'idée de faire des chemins de fer à bon marché, qui a traité au prix de 44.000 fr. le kilomètre. »

« Je récapitule les économies qui ne coûteront rien au contribuable.... Je crois que cet ensemble doit se rapprocher de 300 *millions*. Tout cela ne vaudrait-il pas mieux que les 50 millions demandés à l'impôt par le gouvernement et la commission? »

« Je ne voterai, pour ma part, pas un seul impôt. »

Voilà qui est net et péremptoire.

Que va répondre maintenant **le Ministre des finances?**

Son argumentation se résumera, pour ainsi dire, dans la déclaration suivante:

« Depuis trois jours, les orateurs, qui défendent le projet du gouvernement, déclarent que nous avons des excédents de recette ; mais vous savez que nous avons, d'un autre côté, *des échéances qui ne sont pas payées* et là est tout le secret de mon budget. »

« Il n'est pas exact, il n'est pas vrai de dire qu'à l'époque où nous sommes, il est possible d'alléger le budget par des économies considérables. »

Et à quoi aboutit, comme conclusion, le discours du ministre des finances ? — A *la nécessité de taxes nouvelles.*

Séance du 30 octobre.

DISCUSSION GÉNÉRALE (*suite*).

C'est M. **Pelletan** qui répondra à M. **Rouvier**, et il prendra un malin plaisir à le mettre en contradiction avec lui-même.

« Un jour, avant les élections, M. **Rouvier** interpellant la droite avec véhémence, s'était écrié « *Nous, des impôts nouveaux ?... Je vous défie de me citer un nouvel impôt que la République ait imposé au pays.* »

« Eh bien, reprend M. **Pelletan**, les élections ont eu lieu : la République remporte la victoire et que vous apporte-t-on le lendemain ? Un projet de budget orné de **150 millions d'impôts nouveaux.** »

« Messieurs, je considère, quant à moi, que nous n'avons pas le droit de voter ces charges nouvelles. »

« *Nous payons déjà plus d'impôts que tous les autres pays.* »

« Permettez-moi de le dire, monsieur le Ministre, quand on fait un réquisitoire contre soi-même, *en traitant ses propres budgets de budgets d'expédients,* il faut au moins, s'accorder le bénéfice des circonstances atténuantes. »

« Cette situation la situation financière est plus *obscure* qu'elle ne devrait l'être. »

« Si on compare les résultats du budget de 1889, même chargé par les dépenses exceptionnelles de l'Exposition, et les résultats de 1888 au budget de 1891. l'ensemble des dépenses ordinaires reste supérieur dans le projet de budget actuel et *il grossira certainement encore.* »

« A côté de la dette perpétuelle nous avons **8 milliards de dettes** *de toutes sortes.* (M. Léon Say avait dit 7 milliards, preuve qu'on ne s'y retrouve pas aisément) *J'ai été stupéfait de ce qu'il y a là dedans. Jamais laboratoire d'alchimie tel que le représentent les vieilles estampes, avec son pêle-mêle d'objets bizarres, monstrueux, contournés, d'engins hétéroclites, de grimoires, de télégrammes indéchiffrables, n'a offert un désordre plus inextricable que cette partie de notre passif qui, à ma connaissance, n'a d'analogie dans les dettes d'aucun pays.* »

« Messieurs, je vous en avertis, si vous n'exigez pas que le budget soit réglé, au moyen de réformes, l'année prochaine, vous vous retrouverez dans la même situation. »

A ce moment, M. **de Freycinet.** président du conseil, intervient pour demander à la Chambre de voter promptement le budget présenté par le gouvernement et par la commission ; et la discussion générale se trouve close par un ordre du jour, aux termes duquel le gouvernement est sommé de présenter des réformes démocratiques. — A quoi cela aboutira-t-il?

Nous allons passer aux détails et parcourir les discussions auxquelles donnera lieu chaque ministère. en ne nous arrêtant. bien entendu. qu'aux observations offrant un intérêt pratique.

Nous ne mentionnerons donc que pour mémoire un aveu de **M. Ribot.** reconnaissant qu'il y a trop d'employés au ministère des Affaires étrangères. et promettant de réduire son personnel par voie d'extinction.

Séance du 6 novembre.

MINISTÈRE DE LA GUERRE.

M. Jumel est. sans contredit, un des meilleurs amis du gouvernement et cependant il s'exprime ainsi :

« Chaque fois, dans toutes ces diverses mesures que le Parlement a prises pour solder le budget extraordinaire de la guerre, les prévisions ont été *largement dépassées.* »

« Croyez-vous, messieurs, que vous serez plus heureux dans le régime actuel et que vous pourrez, d'une façon durable, gager les dépenses ordinaires de la guerre avec les ressources ordinaires du budget? »

« Quant à moi, je ne le crois pas. »

Parlant de l'exagération des frais d'administration, **M. jumel** ajoute :

« Eh bien je trouve, moi, que le Parlement est en droit de commencer *à se lasser.* Il me semble que, depuis trois ou quatre ans que ces *abus* sont signalés, il aurait été possible au gouvernement d'en faire disparaître quelques-uns. S'il en avait été ainsi, nous serions disposés à faire de nouveau crédit à M. le Président du conseil. Malheureusement il n'en est rien. »

Quant aux fournitures, voici un fait cité par l'orateur et qui n'a pas été contredit.

« Monsieur le Président du conseil, je suis parfaitement certain que les experts qui reçoivent les fournitures pour le compte du ministère, se sont bien gardés de vous dire, s'ils l'ont su eux-mêmes, qu'ils *avaient reçu des fournitures refusées une première fois.* »

Séance du 7 novembre.

MINISTÈRE DE LA GUERRE.

M. Millerand, député de la Seine, ne partage pas, en matière de finances, les idées du gouvernement et de la commission.

« Je suis de ceux, dit-il, qui, dans le parti républicain, partagent l'opinion soutenue avec tant d'éclat, à cette tribune, par **M. H. Germain** et **M. Pelletan**, que cette Chambre doit faire tous les efforts possibles pour demander à d'autres ressources qu'à des impôts nouveaux le moyen de boucler le budget de 1891. »

Partant de là M. Millerand propose des économies qui sont repoussées par le gouvernement et par la Chambre.

Séance du 10 novembre.

MINISTÈRE DE L'INTÉRIEUR.

Le comte de **Douville-Maillefeu** n'a pas de compliments à faire à la Chambre et au gouvernement. Sa franchise n'est jamais en défaut:

« On nous parle de virilité : il faudrait, au moins, avoir celle de faire son devoir. On doit chercher à se montrer *puissant* et non pas *impuissant*. »

Séance du 13 novembre.

MINISTÈRE DE LA MARINE.

Nous voici arrivés au ministère de la marine, et la discussion va prendre une ampleur que nous ne saurions regretter : il s'agit, en effet, de la défense nationale.

Après **M Raspail**, député du Var, qui voudrait qu'on fît des économies par l'abandon du Tonkin, l'amiral **Valon** vient occuper la tribune durant trois heures. Nous ne le suivrons pas dans les critiques multiples qu'il adresse au ministre de la marine : c'est une revue générale qui s'étend du cuirassé de fer au modeste gabier, et nous ne citerons que la conclusion:

« Si, après avoir réclamé, de tous les côtés, dans cette enceinte, des réformes et des économies, vous en repoussez le principe, si vous hésitez dans la *routine* sous laquelle étouffe la marine de combat, *tout est fini et pour longtemps*. Il me restera l'honneur patriotique, mais stérile, d'avoir tenté un effort contre des *intérêts coalisés* que rien ne saurait vaincre. »

Séance du 15 novembre.

MINISTÈRE DE LA MARINE *(suite)*.

Le rapporteur du budget de la marine. M. **Gerville-Réache**, résume, d'une façon saisissante, la situation de notre flotte : ses comparaisons reposent sur l'arithmétique et semblent dès lors indiscutables :

« Ainsi, pour prendre un terme de comparaison à l'étranger, je dirai que les puissances qui, à l'heure actuelle, forment la triple alliance, l'Italie, l'Autriche et l'Allemagne, n'avaient en 1871, que 190 unités, nous en avions 405. »

« Ainsi, en 1871, nous avions la supériorité maritime du nombre et de la vitesse. »

« En 1890, la France possède **431 unités**, tandis que l'Italie, l'Autriche et l'Allemagne possèdent une flotte de **685 unités**.

« Durant cette période, la France a dépensé pour sa flotte **3 milliards 636 millions**, tandis que les trois puissances réunies n'ont dépensé que **2 milliards 572 millions**. »

« Cette différence s'explique.... 1º par la *mauvaise organisation* industrielle et économique de nos ports.... 2º par le système absolument *défectueux* des approvisionnements... 3º par les *négligences nombreuses* du département. »

« J'aurais voulu établir le compte des frais généraux : ce travail n'est pas possible, étant donnée la façon dont la comptabilité de la marine est tenue. »

Tant de millions mal dépensés ne calment pas les appétits patriotiques de **M. de Mahy**, député de la Réunion :

« Vous courez, dit-il, à une véritable déception, si vous croyez que le budget que vous allez voter... sera suffisant. »

« Nous avons promis des budgets inférieurs aux précédents budgets ; c'est une grave erreur... le total de vos budgets ira en croissant et, quand nous avons promis des économies, nous nous sommes trompés. »

A quoi le comte de **Douville Maillefeu** répond par cette brusque interruption :

« Alors il faut mieux aller à la *banqueroute*. »

Séance du 18 novembre.

MINISTÈRE DES TRAVAUX PUBLICS.

CHEMINS DE FER DE L'ÉTAT.

M. **Jourde**, député de la Gironde relève des faits de la dernière gravité et les énonce en ces termes :

« Souvent on peut croire que les critiques viennent d'un adversaire politique, mauvais coucheur, qui veut vous chercher des chicanes. Il n'y a ici rien de tout cela : il n'y a qu'un fait brutal : on a exproprié, pour les chemins de fer de l'État, à partir de 1883, pour 5 millions de terrain, qui, ajoutés aux 3 millions de terrain, achetés de la Compagnie des Charentes, font un total de 8 millions : ces 8 millions de terrain ont été achetés dans des conditions particulièrement *scandaleuses*. Une usine a été payée 600.000 francs, et cette usine n'est pas effectivement expropriée : l'État paye au propriétaire les intérêts de 600.000 et ce dernier reste en possession de son usine pour laquelle il paye un loyer dérisoire (12.000 francs). »

Le Ministre n'a pas répondu.

Séance du 19 novembre.

TRAVAUX PUBLICS (*suite*).

M. **Boudenoot** critique le budget extraordinaire des conventions, et s'adressant à la commission des finances, il lui dit :

« Avec ce raisonnement que, jusqu'ici on a laissé passer dans la pratique budgétaire, on est arrivé à augmenter notre dette publique, c'est-à-dire nos charges annuelles, **de 70 millions.** »

« C'est comme si l'on disait : nous n'avons pas besoin de regarder à la dépense qui se fera en 1891, puisque les intérêts ne seront à payer que l'année suivante. »

« Je dis que ce sont là des procédés qui nous conduiront à émettre, dans quelques années, de *nouveaux emprunts* et à demander *des impôts nouveaux*, comme nous y sommes déjà conduits cette année. »

M. **Bartissol** ne s'explique pas pourquoi on construit, avec tant de luxe, des lignes de chemins de fer sans importance et voici comment il s'exprime :

« On parle beaucoup d'économies ; mais jusqu'à présent je n'en ai vu apporter aucune à cette tribune... les dernières lignes construites coûtent 343.000 francs le kilomètre ; pour 13 lignes nouvelles le coût sera de 350.000 le kilomètre. »

« Je dis qu'il faut faire une revision des études, et j'ai d'autant plus de raison de demander cette revision que, dans notre département, je puis citer une ligne pour laquelle l'honorable **M. Floquet**, lorsqu'il était député de notre département, avait obtenu un crédit de 500.000 francs ; si à cette époque, on avait construit la ligne, on allait dépenser 24.500.000 francs... »

« On s'est livré à de nouvelles études, et le nouveau tracé... présente les avantages suivants: Économie de 200.000 francs par kilomètre dans l'Aude — raccourcissement de parcours — meilleure situation au point de vue stratégique — supériorité au point de vue du commerce. »

Profitera-t-on de cette leçon?

Séance du 20 novembre.

BUDGET DE L'INSTRUCTION PUBLIQUE.

Voilà un budget qui s'élève aujourd'hui à **173 millions**, et la répartition de cette somme énorme ne fait que des mécontents; ce n'est pas nous qui le disons, c'est **M. Bouge**, député des Bouches-du-Rhône.

M. Bouge rappelle le rapport de **M. Viger** dont les conclusions sont les suivantes :

« L'application de la loi a soulevé, de la part des instituteurs, *d'unanimes réclamations* dont la plupart sont absolument fondées ! »

« Je veux parler des réductions subies par un grand nombre d'instituteurs primaires, sur le traitement dont ils jouissaient antérieurement à la loi de 1889. »

« Il résulte de la loi des *inconvénients majeurs, permanents*, qui ne pourront être corrigés que par une loi nouvelle. »

Sait-on bien le sort réservé à la multitude de jeunes filles qui prennent le brevet pour entrer dans l'enseignement ? **M. le rapporteur** se charge de nous le dire :

« Il existe 13.000 à 15.000 jeunes filles brevetées... et je disais dans mon rapport qu'aujourd'hui c'étaient des *découragées* et que, dans peu de temps, ce seraient peut-être des *désespérées*. »

Sait-on encore quelle est la situation des établissements d'enseignement secondaire ?

M. le rapporteur nous l'apprendra :

« Il ne faut pas se le dissimuler, il y a, dans ce pays, un courant assez marqué des familles de la classe moyenne vers les établissements qui ne sont pas universitaires. »

« Certes, je ne me fais aucun scrupule de déclarer dans mon rapport et je le répète à la tribune que la population de nos établissements secondaires n'est pas aussi abondante que nous le voudrions tous. »

Mais alors à quoi servent tant de millions ?

Faut-il citer quelques passages d'un livre pédagogique apporté à la tribune par **M. de Lamarzelle**, député de la Droite ? Une exception est bien permise, puisqu'il s'agit du livre d'un professeur, M. Thomas. Nous citons textuellement :

« 1° *L'humanité a-t-elle commencé par le groupement des individus dans la famille ou des familles dans l'État ?* »

Telle est la contrepartie du dogme de la création.

« 2° *En réalité il est peu de peuples dans lesquels la monogamie soit complète en fait. L'enfant a pour père tous les pères de la communauté.* »

Ne serait-ce pas là vraiment une des causes de la décadence de nos établissements d'enseignement? On n'expose pas ses enfants à de pareilles obscénités.

Séance du 22 novembre.

MINISTÈRE DE L'INSTRUCTION PUBLIQUE *(suite)*.

M. Horteur, député de la Savoie, vient dénoncer à la Chambre un procédé inouï qui sert purement et simplement à accroître les traitements des inspecteurs primaires et ce au détriment des budgets communaux. Il y a des architectes payés à raison de 5 0/0 pour établir les plans de construction des maisons d'école, surveiller et régler les travaux et cependant voici une circulaire d'un inspecteur d'académie qui s'exprime en ces termes. **M. Horteur** lit :

« Monsieur l'inspecteur,

« J'ai l'honneur de vous informer qu'en vertu des dispositions de l'art. 12 du décret du 8 avril 1888, M. le Préfet vous délègue, pour votre circonscription, à l'effet de visiter les travaux des bâtiments scolaires qui s'exécutent, conformément aux plans approuvés.

« Il vous sera alloués à titre de frais et honoraires :

« 1° 100 fr. pour chaque projet de construction d'école, qu'elle qu'en soit l'importance ;

« 2° 50 fr. pour les projets de réparation... d'une dépense de moins de 12.000 fr. »

« Ainsi, continue M. **Horteur**, dans une commune où on construisait deux maisons d'école, l'inspecteur primaire touchait 200 fr. Dans une commune située, à 1 kilomètre, on construisait une autre maison d'école, pour laquelle l'inpecteur touchait 100 fr.., en sorte que, partant de chez lui à 9 h. du matin, l'inspecteur était arrivé à onze heures dans les deux écoles et *touchait 300 fr. aux frais des contribuables.* »

Le ministre est obligé de donner satisfaction à M. **Horteur**

et de promettre que ces abus seront réprimés. Il eût été plus simple de ne pas les commettre.

M. G. Rivet, député de l'Isère, est frappé des mauvais résultats produits par la loi de 1889 :

« Le classement des instituteurs a été fait sur des bases si *étranges* que les exemples des *injustices* et des *inégalités* abondent. »

« Ainsi, une institutrice qui compte 21 *années de services*, qui figurait sur la liste de mérite, qui a obtenu une médaille de bronze, est *encore classée dans la 6ᵉ classe provisoire*. »

« Un instituteur qui a plus de 30 *ans de services, qui touchait* 1.700 *fr. est tombé à* 1.500. »

M. Buisson, directeur de l'enseignement primaire, répond à **M. Rivet** que l'application stricte de la loi a dû produire ces anomalies.

Mais que pouvons-nous en conclure autre chose que la loi est absolument mauvaise ?

Finalement **le ministre** intervient, pour annoncer qu'il demandera des crédits. C'est toujours là qu'il faut en venir.

Séance du 24 novembre.

BUDGET DE L'INSTRUCTION PUBLIQUE (suite).

M. le Dᵣ Michou, député de l'Aube, aime-t-il la musique ? — Je n'en sais rien — mais il aime les économies et il estime que les *quinze cent mille francs* affectés aux théâtres nationaux constituent une dépense exorbitante :

« Notre budget nous permet-il de faire des dépenses de luxe ? Telle est la question. »

« Je me demande si nous oserons bien rentrer dans nos campagnes et dire à nos commettants : « Oui, mes chers amis, vous « êtes victimes de grandes calamités ; nous aurions bien voulu « soulager toutes vos misères... néanmoins vous devez être sa-

« tisfaits : *car nous avons largement subventionné les lieux de*
« *plaisir.* »

Et le crédit est voté par plus de 100 voix de majorité. Et l'on
chantera, et l'on dansera à Paris aux frais de tous les contribuables qui, pourtant, n'en verront rien.

Séance du 25 novembre.

TRAVAUX PUBLICS (BUDGET DE GARANTIE).

M. **Bartissol**, déjà cité, revient à la charge : il énumère un grand
nombre de lignes nouvelles qui rapportent 3.500 fr. par kilomètre et dont l'exploitation coûte 7.500 fr. et telle de ces lignes a
été construite au prix de 768.000 fr. par kilomètre ; il conclut en
ces termes :

« En 1883, lorsqu'on a fait les conventions, les Compagnies
devaient **666 millions**, on leur a fait cadeau, ou à peu près, de
cette somme. »

« Mais aujourd'hui elles ont reconstitué une nouvelle dette
qui est de **333 millions**. Comme il faut payer l'intérêt de cette
dette qui ira toujours croissant et qui sera en 1925 **de 2 milliards
800 millions**, vous voyez dans quelle *situation déplorable* va
nous mettre l'exploitatation des chemins de fer. »

Le rapporteur M. **Pelletan**, ne contredit pas les alléga-
tions de M. **Bartissol** et se contente de dire que la commission
a appelé l'attention du gouvernement sur la gravité de la situation. — Et l'on passe outre.

MINISTÈRE DE L'AGRICULTURE.

L'argent est-il bien dépensé ? M. **Rey**, député du Lot, ne le
croit pas. — Les concours départementaux ne seraient-ils pas
préférables aux concours régionaux qui ne sont que de fas-
tueuses exhibitions ? M. de **Lagorse**, député de la Manche, pose
la question sans insister.

Quant à M. **Philippon**, député de l'Ain, il s'exprime en ces termes, sur le compte de l'administration des forêts :

« A l'heure actuelle, on peut dire, sans crainte d'être démenti par personne, que l'administration des forêts est de toutes les administrations celle qui coûte le plus à l'État et lui rapporte le moins. »

« Depuis un siècle, le domaine forestier n'a cessé de diminuer et cependant le nombre des agents forestiers a toujours augmenté. »

M. **Terrier**, député d'Eure-et-Loir, généralise l'observation et s'écrie :

« C'est une œuvre (l'œuvre des économies) que nous n'avons pas encore entreprise. Les paroles prononcées par les représentants du gouvernement, aussi bien que les arguments développés par différents orateurs, constituent des *promesses*, mais il est évident que nous n'avons *pas encore donné satisfaction aux vœux du pays*. »

Séance du 26 décembre.

BUDGET DES COLONIES.

M. **César Duval**, député de la Haute-Savoie, prélude au long débat qui va suivre, par quelques observations sommaires qu'il résume en ces termes :

« En tenant compte de ces observations, on pourrait progressivement réduire le nombre des fonctionnaires, simplifier les rouages et faire de sérieuses économies en Indo-Chine. On allégerait ainsi les lourdes charges de ce pays et de la métropole. »

Voici venir les aveux : c'est de M. **Etienne**, sous-secrétaire d'État aux colonies, que nous allons les entendre :

Que dit donc M. **Etienne**, pour répondre au rapport de M. **Le Myre de Villers** ?

« Le jour où nos troupes se sont retirées de certaines provinces..... nous avons dû y substituer une administration civile.

Dans ces conditions nous avons dû augmenter nos dépenses civiles dans la proportion *de 12 à 17 millions.* »

« Je l'avoue, messieurs, j'ai fait commencer les travaux du chemin de fer de Phu-Lang-thuong à Langson, *sans avoir à ma disposition* les sommes qui seraient nécessaires pour en assurer le payement. »

« Si j'ai été *imprudent*, si j'ai commis une *grosse faute*, j'en accepte la *responsabilité.* »

« Comment voulez-vous qu'une administration puisse fonctionner régulièrement, lorsque, grâce à cette organisation, tout ce monde de fonctionnaires se jette dans l'arène électorale, se divise en deux, trois ou quatre camps..... Comment voulez-vous qu'il puisse y régner l'esprit d'ordre et de discipline? »

« Savez-vous ce que produit un système pareil? C'est que votre budget réduit à 22 millions est absorbé, jusqu'à concurrence de 9 *millions, par les fonctionnaires.* »

« Il faudrait avoir le courage *d'exécuter une mesure radicale.* »

« J'ai voulu savoir ce que de 1879 à 1883 le gouverneur général de la Cochinchine avait dépensé de *frais de voitures:* 16.000 francs. »

M. le **Myre de Villers**, rapporteur, se défend des reproches dont il est l'objet et attaque l'administration actuelle:

« Je n'ai pas besoin d'insister sur le *désordre*, sur la *paperasserie, sur la confusion* qui résultent d'une semblable décentralisation. »

« **200 millions** ont été dépensés au Tonkin et en Annam, sans qu'un compte d'exercice ait été tenu, *sans que les comptes aient été jugés par une juridiction financière quelconque.* »

« Nous ne blâmons pas la construction du chemin de fer, mais la façon dont ce chemin de fer a été construit. »

« Vous le voyez, *un grand nombre d'irrégularités graves ont été commises.* »

« Si désagréable qu'il soit d'avoir à payer des dettes contractées par un mandataire, sans qu'on soit prévenu, cependant le mieux est de s'exécuter. »

« Si on ne vote pas les crédits demandés, messieurs, ce sera *la faillite.* »

Que dira de tout cela M. **Clémenceau** ?

Il renvoie les plaideurs dos à dos :

« M. le sous-secrétaire d'État, avec la connaissance qu'il tire de ses études personnelles, nous dit que l'administration du Tonkin est *déplorable.* Je le crois. »

« M. le rapporteur, avec sa grande connaissance des affaires de l'Annam et du Tonkin, nous a dit que la fortune publique y était au *pillage.* Je le crois. »

« Pendant quatre années, les quatre derniers budgets de l'Indo-Chine ont été en *déficit* et on a tenu ce fait caché à la Chambre. »

« Vous en aviez la preuve ; vous ne l'avez pas dit. »

« On a bâti à Nam-Dinh une caserne qui a coûté 1 *million* et jamais il n'y est entré un soldat. »

« Une autre caserne a coûté 500.000 francs : Jamais un soldat ne l'a habitée. »

« Vous avez fait la loi pour tous les citoyens habitant le Tonkin. Cependant voilà un gouverneur qui, de sa propre autorité, détaxe de 135.000 *francs* M. X. de 85.000 *francs* M. Y... qui, en somme, fait un trou de 300.000 francs. »

« Je conclus en demandant, d'une manière formelle, que les 300.000 francs, dont on a indûment dégrevé trois industriels, soient mis en recouvrement. »

M. **Etienne** remonte à la tribune pour plaider les circonstances atténuantes :

« Je n'ai pas à nier que nous ayons eu des déficits au Tonkin. »

« En ce qui touche le chemin de fer, j'ai pensé que je pouvais déroger aux usages parlementaires. »

« Vous me dites que M. Piequet a eu tort d'accorder des dégrèvements, quant à moi, je ne le pense pas. »

M. **Clémenceau** ne se tient pas pour battu ; il est un point qu'il veut retenir. Il déclare que les lois fiscales doivent être appliquées à tout le monde. Les 300.000 francs de dégrèvement lui tiennent au cœur. Il priera la Chambre de se prononcer entre lui et le sous-secrétaire d'État.

Séance du 28 novembre.

BUDGET DES COLONIES (suite).

Avant d'en finir avec l'Indo-Chine, on va s'occuper du Sénégal et du fameux chemin de fer de Dakar à Saint-Louis.

C'est M. **Turrel**, député de l'Aude, qui soulèvera la question :

« Ainsi les ingénieurs avaient écrit au Ministre : *Ne recevez pas*. Ce chemin de fer est construit d'une façon *scandaleuse*, les stations ne sont pas terminées... les voies accessoires ne sont pas posées. »

« La commission disparaît. Un mois après, un seul inspecteur conclut à la réception des travaux. »

Que répondra à cela M. **Etienne**? Que des arbitres ont été nommés pour apprécier les points litigieux.

Les droits de l'État sont-ils sauvegardés?

M. **Turrel** ne le pense pas.

Séance du 29 novembre.

BUDGET DES COLONIES (suite).

Il s'agit de vider le différend de la séance du 27 entre M. **Clémenceau et M. Etienne** et la commission du budget en a délibéré.

La résolution de M. **Clémenceau** est ainsi conçue:

«La Chambre invite le gouvernement à mettre en recouvrement le montant des droits de douanes dont il a été fait remise à certains industriels par le gouverneur général de l'Indo-Chine. »

La commission n'accepte pas cette rédaction, et le débat recommence entre MM. Etienne et Clémenceau.

M. Etienne vient donner à la Chambre des explications et il se trouve qu'un des bénéficiaires des remises accordées par le

Gouverneur de l'Indo-Chine n'est autre qu'un certain M. **Bavier-Chauffour**, très connu de la Chambre pour être le *neveu bien-aimé de M. Jules Ferry* et un important concessionnaire.

Or, M. **Bavier-Chauffour**, concessionnaire du fameux chemin de fer que l'on sait, n'a pu, dit M. Etienne, trouver, en France, autrement que dans un délai de 10 mois, la quantité de rails dont il avait besoin, et voilà pourquoi il a été autorisé à acheter, en franchise de tout droit, à une Société anglaise le matériel qui lui était nécessaire.

La Chambre est émue de ces révélations : elle ne paraît guère y croire ; elle y croirait bien moins encore, si elle prenait la peine d'interroger tel grand industriel qui se serait fait fort de satisfaire en peu de jours aux exigences de **Bavier Chauffour**.

Cependant M. **Etienne** en appelle à la Chambre ; il reconnaît *les fautes, les erreurs*, mais elles sont excusables ; il pose la question de confiance.

M. **Clémenceau** ne se résigne pas et voici comment il conclut :

« Quant à moi, je ne puis prendre mon parti de cette situation. je vois le *déficit* qui a été organisé systématiquement au Tonkin, *pendant quatre ans*. Je vois des entreprises de chemins de fer qui ont été faites, *sans études*... Je vois des fonctionnaires qui sont installés dans des conditions *ruineuses* ; je vois enfin des remises d'impôt *absolument arbitraires*... Je le répète, il est temps que cela finisse ; je maintiens mon amendement. »

Finalement c'est l'ordre du jour de la commission qui l'emporte de quelques voix, sous la simple promesse que M. **Etienne** ne recommencera pas.

Ah ! le bon billet !

Séance du 1er décembre.

MINISTÈRE DES FINANCES.

Au début de cette discussion, la Chambre vient à accepter deux propositions de MM. de **Soubeyran et Pelletan** ayant pour objet la conversion immédiate de divers types d'obligations émises sous l'Assemblée nationale et sous les précédentes législatures.

C'est une économie de 14 *millions* à inscrire au budget. Ni le Ministre des finances ni la Commission du budget n'avaient songé à cette opération. Les contribuables sauront gré à MM. de Soubeyran et Pelletan de leur intelligente initiative.

Le budget ne renferme qu'un amortissement très insignifiant de 3 millions.— **M. Léon Say** demande 27 millions — Mais où les prendre?   **M. Rouvier** ne consent pas à les demander à l'impôt et l'amortissement est renvoyé aux calendes grecques. Du temps de l'Assemblée nationale il était de 200 *millions*.

Pour le même motif, on renvoie à plus tard l'unification des retraites des vieux serviteurs de l'État : dans un budget de **3 milliards passés**, il n'y a pas un sou à distraire pour eux.

Séance du 2 décembre.

MINISTÈRE DES FINANCES (*suite*).

M. Beauquier ressemble beaucoup aux précédents orateurs ; il demande des réformes dans l'administration de l'Enregistrement, mais sans aucune espèce de succès, et sa critique déborde en cette phrase humoristique :

« Je demande qu'on ne se borne pas à des déclarations platoniques à la tribune... et que nous cessions de ressembler à ces chœurs de l'Opéra qui chantent, pendant une heure, « marchons — courons — volons » et qui ne bougent pas de place. »

Quand le Ministre répond, c'est comme si la routine parlait par sa bouche et le mot de la fin est toujours le même : c'est impossible.

Séances des 3 et 4 décembre.

MINISTÈRE DES FINANCES (*suite*).

S'il fut jamais, dans une chambre, du temps perdu et d'abondantes paroles pour n'arriver à rien ; s'il fut jamais, dans une discussion sérieuse, désordre et confusion, c'est à ces deux journées parlementaires qu'il faut demander un exemple vraiment édifiant.

La question est capitale et présente un intérêt de premier ordre ; il s'agit, en effet, de savoir si on restreindra l'intérêt servi aux caisses d'épargnes, de combien on le restreindra, ce qu'on fera des bonis résultant de la réduction.

Chaque thèse a un défenseur, et ce qui semble d'abord dominer la discussion, c'est la volonté de graduer l'intérêt dans une proportion décroissante selon le chiffre du dépôt. Au premier jour, la commission qui propose le taux uniforme de 3.50 0/0, est obligée d'accepter le renvoi d'un amendement qui établit une échelle d'intérêt favorable aux petits déposants.

Le lendemain, la commission se présente devant la Chambre avec un rapport qui accepte le principe de l'échelle, mais qui modifie les gradations proposées, système boiteux, incohérent, que le ministre des finances n'accepte pas et qu'il prétend ne pouvoir appliquer.

Néanmoins **M. Hubbard** fait adopter par la Chambre un amendement qui, laissant entière la question de l'échelle décroissante, fixe à 3.75 0 0 l'intérêt à servir aux caisses d'épargne.

Mais alors intervient le **président du conseil** qui adjure la la Chambre d'en rester là et pose la question de confiance. La Chambre se soumet, avec une admirable docilité, malgré les protestations indignées du comte de **Douville-Maillefeu** qui résume ainsi la situation :

« Je suis de ceux qui, depuis le commencement de cette discussion, ont fait tout au monde pour éviter une crise ministérielle ; mais, après ce qui vient de se passer, dans les conditions où la question ministérielle est posée, *absolument par caprice...* j'en réponds. »

« Est-ce que ce n'est pas le ministre des finances qui a posé la question ?.. Je profite de la circonstance, je profite de ce qu'a dit le ministre et j'engage tous ceux qui veulent un budget sérieusement étudié, qui se règle par des économies et non par des impôts... à voter contre la proposition. »

Mais la question de confiance est posée et devant l'éventualité d'une crise la majorité se retourne et tout est dit.

Séance du 5 novembre 1890.

BUDGET DU MINISTÈRE DES FINANCES *suite*.

En poursuivant, chaque jour, l'équilibre du budget, nous arrivons aux allumettes. Les allumettes sont le monopole du gouvernement qui a remplacé la Compagnie fermière. Il les doit bonnes aux consommateurs et il les donne mauvaises. Il a revendiqué l'exploitation directe pour gagner davantage et il se trouve qu'il est en perte de plusieurs millions sur la redevance payée par la Compagnie fermière. Ce que l'État veut faire lui-même, il le fait mal, et chèrement. Telle est du moins l'opinion de **M. Leydet**, député des Bouches-du-Rhône.

Et sur ce, nous arrivons aux impôts nouveaux : c'est l'impôt de 40 0 sur les valeurs mobilières que l'on va discuter.

M. Thévenet, ancien ministre, député du Rhône, n'en veut pas et, pour commencer, il en appelle de **M. Rouvier**, ministre des finances en 1890, à **M. Rouvier**, rapporteur général des budgets de 1880 et de 1882. Alors comme aujourd'hui, on demandait le relèvement de l'impôt sur les valeurs mobilières, et que disait M. Rouvier, au nom de la commission du budget :

« Je dis que votre impôt n'est pas défendable en principe, qu'il n'est pas justifié par les circonstances. »

M. Thévenet part de là pour plaider la cause de l'épargne et des petits rentiers, et sa pensée se résume en cette phrase finale :

« Si je croyais que cet impôt fût nécessaire pour équilibrer le budget... J'y souscrirais à regret, mais je suis convaincu, au contraire, qu'en le votant, vous prendrez une mesure inutile et qui pourrait être dangereuse. »

Le ministre n'entend pas de cette oreille ; son budget n'est pas en équilibre, et les valeurs mobilières lui paraissent bonnes aujourd'hui pour lui fournir 17 millions. — Adopté.

M. **Leydet** se révolte : il en a assez des impôts nouveaux : il n'admet pas qu'on aille plus loin, sans avoir fait état de la totalité des recettes constatées à l'exercice de 1889 — A cela pas d'inconvénient, puisque l'exercice de 1890 a, lui-même, des plus values acquises.

« C'est pour faire face aux crédits supplémentaire, répond le ministre. »

« C'est, par mesure de prudence, que la commission ne veut pas faire état de ces recettes, dit le rapporteur général. »

Mais la chambre n'en renvoie pas moins la proposition à la commission sommée de venir dire le lendemain quelles sont les disponibilités de 1889.

<h3 style="text-align:center">Séance du 6 novembre.</h3>

BUDGET DU MINISTÈRE DES FINANCES (suite).

Ce jour-là la séance ouvre à 4 heures et ce n'est vraiment pas dommage, car la commission du budget arrive avec un rapport constatant une trouvaille de 21 millions, laborieusement découverte dans le fond de l'exercice 1889 et il ne faut plus que 4 millions pour boucler le budget. On les demandera aux affiches peintes, et presque sans y regarder.

Tout va bien, jusqu'au retour offensif de M. **Pelletan**, et voici les paroles du terrible orateur qui ne redoute pas de faire un trou dans le budget, par la suppression de l'impôt sur la grande vitesse. Il est vrai qu'il compte, pour combler la brèche, sur des plus values importantes et promptes devant résulter de la circulation :

« Si nous arrivions devant le pays avec le budget tel qu'il est actuellement établi, il se résumerait ainsi : 46 *millions de charges nouvelles* imposées aux contribuables. »

« Eh! bien, devant ce budget sur lequel on va nous juger, qui aura une importance politique exceptionnelle, qui est le premier par lequel vous donnerez au pays l'idée de ce que vous entendez faire. pouvez-vous. après les promesses solennelles faites aux élections dernières, apporter à la Chambre 46 millions de charges nouvelles, sans une réforme qui vous appartienne? »

« Je le répète, nous organisons notre premier budget sur lequel on nous jugera en partie; et jusqu'ici nous avons voté 46 millions de charges nouvelles. sans compensation sérieuse. »

« Il me parait — et c'est sans doute la pensée de la Chambre actuelle, comme c'est son premier intérêt — qu'il est indispensable d'inscrire dans notre premier budget une réforme quelconque. »

Une réforme quelconque! mais c'est trop. Ni M. **Rouvier** ni la routine ne comportent de réformes,

Le Ministre l'emportera. mais à 4 voix de majorité, et M. **Maret**, député du Cher, s'écrie, dans un journal, au lendemain de cette journée :

« Je défie qui que ce soit de me dire aujourd'hui **si le budget est équilibré ou non**. Sur le papier, il le sera toujours, mais, dans la réalité. tout le monde l'ignore. Quant à moi, je le confesse franchement, je croyais y comprendre quelque chose au printemps; je me suis défendu comme j'ai pu cet automne, mais, à l'approche de l'hiver. je dois déclarer que je n'y comprends plus rien du tout. »

Un homme, tel que M. **Maret**. ne comprend rien au budget de 1891; qu'y pourront y comprendre les simples mortels?

Séance du 9 novembre.

BUDGET DU MINISTÈRE DES FINANCES *(suite)*.

On sait que les congrégations sont, en vertu des lois de finances de 1880 et de 1884. frappées d'un droit inique qu'on appelle : le droit *d'accroissement*, véritable loi d'exception qui équivaut à la *confiscation*. et qui fait payer à certaines congrégations, à chaque décès, un droit égal au capital qualifié d'accroissement.

La Chambre veut maintenir la loi, c'est entendu ; elle a déjà rejeté l'irréfutable amendement de **M. Piou**, établissant qu'il ne saurait y avoir accroissement là où il n'y a pas mutation : une petite sœur des pauvres ne possède rien. Mais il y a l'application de la loi et c'est sur ce point que nous aimerons à recueillir l'avis d'un républicain, jurisconsulte éminent, avocat renommé : c'est de **M. Clausel de Coussergues**, député de l'Aveyron, que nous voulons parler.

M. Clausel prend pour exemple les Filles de la Charité, ces sœurs populaires entre toutes qui consacrent leur vie entière à soulager les besoins ou les souffrances du peuple. Que se passe-t-il pour elles? La congrégation possède une fortune de 23 millions. Elle compte 10.000 sœurs ; donc la fortune supposée de chacune d'elles est de 2.300 francs. Mais la congrégation a des fondations dans 800 bureaux d'enregistrement. Or, dans chacun de ces bureaux, l'administration prétend percevoir, au décès de chaque sœur, un droit minimum de 2 fr. 85; d'où suit que pour 800 bureaux la somme acquise au Trésor serait de 2.280 francs. L'argument est saisissant, les chiffres sont là ; l'impôt est monstrueux : il n'est rien moins que de 100 0/0 du capital.

« Y aurait-il, dit **M. Clausel**, dans la question qui est traitée en ce moment, autre chose qu'une question fiscale? Pour ma part, j'ai eu pour but unique de vous demander le redressement de ce que je considère comme une *injustice*, comme une *anomalie*, comme quelque chose d'*excessif*, qui ne peut exister, je ne dis pas dans les lois, *ça n'y est pas*, mais dans les pratiques administratives. »

Les deux tiers de la Chambre applaudissent ; on pourrait croire que c'est cause gagnée et que la justice va triompher.

Mais le ministre qui se défie de l'équilibre de son budget et qui veut, sans doute, le mettre sur ses pieds, en dépouillant les Filles de Saint-Vincent-de-Paul et les Petites sœurs des Pauvres, prie la Chambre de le suivre dans ses impitoyables rigueurs et la Chambre obéit, avec une incomparable lâcheté.

Séance du 10 décembre 1890.

MINISTÈRE DES FINANCES *(suite et fin)*.

Le triomphe appelle le triomphe. Aussi l'emprunt est-il enlevé, presque sans discussion, à la majorité de 333 voix contre 178. Il y a en effet, dans la Chambre, des hommes de Droite qui veulent demeurer fidèles à leurs engagements et ne pas avoir trompé leurs électeurs.

Ils ont dit qu'ils ne voteraient ni *impôts ni emprunt*. Ils ont tenu parole.

Reste à voter l'ensemble du projet de budget qui se trouve arrêté à la somme de **3.164.881 fr. 40**.

357 voix en prononcent l'adoption. Ceux qui ont refusé les impôts et l'emprunt ne votent pas le budget; ils sont logiques.

Voilà donc la discussion épuisée, le budget voté par la Chambre des députés et transmis au Sénat. Il n'en reviendra pas sensiblement modifié.

Nous laisserons nos lecteurs tirer eux-mêmes la conclusion: ils se demanderont, en toute sincérité, si nos finances sont dignes de la France, si les économies sont à la hauteur des nécessités, si les allures de toutes les administrations financières sont vraiment correctes et irréprochables

Ils regarderont de près ce nouveau budget de 1891 et ils se demanderont pourquoi il a fallu encore des *impôts nouveaux* et *un emprunt*.

S'ils pouvaient hésiter à se faire une opinion, ils n'auraient qu'à consulter M. **Maret**, le plus intègre et le plus parfait des républicains, et ils trouveraient la réponse dans le *Radical*. Au surplus la voici:

« **Ce budget est une boîte à surprises.** »

« **Jamais je n'ai vu pareil galimatias.** »

« On finit par s'accorder; mais, le diable m'emporte, si quelqu'un sait sur quoi. Le *plaisant de l'affaire*, c'est qu'on a appelé cela jeter de la clarté dans le budget. »

« Dans tout ce **salmigondis**, il est même arrivé au gouvernement de voter et de faire voter contre ses propres propositions en sorte que c'était très amusant de voir les ministériels enragés s'indigner contre leurs patrons, et se trouver de l'opposition sans le savoir. »

« **Chacun y a été de sa gaffe.** »

Ce qu'il y a de bien sûr, c'est que nous n'aurions jamais osé en dire autant — et que dire plus vrai est impossible.

Post-scriptum :

Nous n'avons pas l'intention de reprendre et de suivre la discussion du budget devant le Sénat.

Qu'il nous suffise de rappeler les paroles de M. **Pelletan**, au sujet des engagements de diverse nature, soigneusement dissimulés dans les profondeurs du budget et de les corroborer par la déclaration ci-jointe du sénateur **Boulanger, rapporteur-général**.

« Il est pourvu, — dit-il, — depuis 1885, à l'exécution des travaux dits extraordinaires... par une série de combinaisons qui constituent, en réalité, des budgets extraordinaires d'emprunt, et qui ont ce caractère particulièrement dangereux qu'ils n'apparaissent pas directement dans la comptabilité budgétaire et ne se rattachent au budget que par des services d'intérêts ou d'annuités dont la signification échappe souvent à l'attention. »

« Ces combinaisons sont les engagements d'annuités envers les Compagnies de chemins de fer, résultant soit des conventions de 1883, soit des lois antérieures, les garanties d'intérêt, les engagements scolaires, les subventions ou avances concernant les chemins de fer d'intérêt local ou les chemins vicinaux, et les avances pour travaux de navigation. **Le capital d'aucune de ces dépenses ne figure dans le cadre du budget.** Chacune forme une sorte de compte séparé qui n'est guère connu que de l'administration, et qui n'est pas favorable au contrôle budgétaire. »

« On a souvent cherché à déterminer la charge annuelle qui résulte pour le Trésor de ces dépenses placées en dehors du budget. Nous l'avons fait, avec le plus de précision que nous avons pu, dans le rapport général de l'exercice 1890. La portion ayant le caractère d'une charge définitive pour l'État s'élevait à environ **230 millions**. Celle qui constitue des avances remboursables par des tiers était de **66 millions**. Qu'il s'agisse d'une dette ou d'une avance, le capital correspond toujours à un emprunt actuellement contracté par l'État et augmentant l'importance de la dette. L'accumulation de ces charges, depuis plusieurs années, est l'une des causes de son accroissement. »

Qu'est-ce que cela peut bien signifier, sinon, comme l'a dit **M. Pelletan**, avec son style humoristique, qu'il y a dans le budget des dettes latentes de *plusieurs centaines de millions*, que l'on ne peut chiffrer exactement et qu'il faudra couvrir par *des emprunts et des impôts*.

Ainsi tout le monde est d'accord pour affirmer que *l'équilibre est une piperie et que nous en sommes toujours aux budgets d'expédients*.

Ce n'est pas nous qui le disons : ce sont, au Sénat, comme à la Chambre, les meilleurs amis du Gouvernement.

Qu'il nous suffise de prendre acte de ces solennels aveux et d'en garder le souvenir.

Imp. de la Soc. de Typ. — Noizette, Th. S. r. Campagne-Première, Paris